AF267901

CONSPIRATION MILITAIRE.

—

MÉMOIRE JUSTIFICATIF

POUR

UN OFFICIER FRANÇAIS

IMPLIQUÉ DANS LA CONSPIRATION DU 19 AOUT 1820.

DEUXIÈME EDITION.

A PARIS,

CHEZ PILLET AINÉ, IMPRIMEUR-LIBRAIRE,

RUE CHRISTINE, Nº 5.

ET CHEZ TOUS LES MARCHANDS DE NOUVEAUTÉS.

AOUT 1820.

MÉMOIRE JUSTIFICATIF

UN OFFICIER ACCUSÉ DE CONSPIRATION.

PENDANT que mes camarades, arrêtés et plongés dans les cachots, attendent le jugement que la cour des pairs doit prononcer sur le complot à main armée que nous avions ourdi contre l'autorité royale, je brave les recherches de la police ; et, retiré dans un asile sûr, j'écris pour me justifier.

Ce n'est pas que je prétende me soustraire aux conséquences de l'accusation qui pèse sur moi : mon intention n'est pas de me séparer de mes malheureux frères d'armes. La victoire devait être commune entre nous ; le malheur doit l'être aussi. J'ai voulu seulement me conserver quelques instans de liberté pour mettre par écrit des réflexions que les ténèbres du secret et l'aspect des geôliers auraient à coup sûr décolorées.

Cette tâche finie, j'irai rejoindre ceux avec

lesquels j'ai juré de périr. Ajourd'hui libre, demain dans les fers; dans quelques jours, peut-être..... ; ce que je vais dire est digne de foi : « car je suis libre , et j'écris , selon » toute apparence, mon testament de mort. »

Mon projet n'est pas de chercher à atténuer mes torts : j'avoue que j'ai participé à un complot, et je reconnais que ce complot était criminel. Ma conscience ne m'a jamais abusé sur ce point. Je comprends , malgré l'opinion tolérée et triomphante des *hommes du siècle*, que la rébellion d'un soldat contre le prince au service duquel il s'est engagé par des sermens , est l'action d'un misérable. J'avoue qu'elle ne saurait être justifiée par le succès; qu'elle n'est point rachetée par des triomphes , et que la postérité impartiale, juge en dernier ressort des rois et des peuples, n'y pourra voir, quel que soit le résultat , qu'une infâme trahison.

Ces concessions une fois faites avec toute la sincérité dont je suis capable, il me reste à remonter à l'origine de mes égaremens , à en expliquer l'enchaînement involontaire , et à mériter peut-être , par une peinture naïve des circonstances étranges qui ont déterminé ma conduite, sinon l'indulgence de mes juges, au moins l'intérêt des ames sensibles qui comptent pour quelque chose, dans la direction morale des hommes, l'influence des événemens et l'éducation de l'expérience.

Français et militaire, mon cœur brûla toujours du plus pur amour de la patrie. Ce sentiment m'anime encore au moment où la mort des traîtres s'apprête à me frapper ; ce sentiment me fait un devoir de léguer à ceux qui me survivront le récit de mes erreurs, et des séductions puissantes qui ont agi sur moi; séductions auxquelles il m'eût été impossible de résister, puisqu'elles étaient exercées par ceux à qui les destins de la patrie étaient confiés, par les hommes investis du pouvoir de diriger l'opinion, et chargés de tracer à la conscience politique la route qu'elle doit suivre pour la gloire et le bonheur du pays. Si ces hommes ont publiquement autorisé nos projets (ainsi que je me propose de le démontrer jusqu'à l'évidence), c'est en vain qu'ils nous précipitent aujourd'hui dans l'abîme, nous, instrumens passifs de leurs inconcevables combinaisons. Notre sang rejaillira jusque sur eux.

Je suis né en 1779. Soldat au commencement de la révolution, j'ai obtenu tous mes grades, jusqu'à celui de lieutenant inclusivement, sur les champs de bataille. J'ai été blessé à Marengo, à Friedland, à Leipsick. Témoin des désastres de la campagne de Russie, je déplorai amèrement le sort de la patrie livrée à l'insatiable ambition de *Napoléon*. La réflexion m'apprit que cet homme ne pouvait s'empêcher de pousser la France à envahir l'Europe, parce qu'il avait envahi lui-même le trône qu'il occupait. Des idées vagues de la légitimité fermentaient dès-lors dans ma tête; mais je me gardais bien de les approfondir : j'avais prêté des sermens; je croyais alors que tout soldat qui trahit la foi jurée est réprouvé de tous les gouvernemens; je n'avais pas encore l'expérience des régimes *constitutionnels* ! D'ailleurs, l'ennemi était là; et si je désapprouvais dans mon cœur la conduite de Bonaparte, je haïssais encore plus les Prussiens.

J'assistai à la chute du grand empire; je

me trouvais à Fontainebleau, lorsque notre général nous délia solennellement de nos sermens et nous invita, au nom de la patrie, à nous rallier autour de l'antique étendard des fils de S. Louis. Je n'ai pas besoin de dire que j'embrassai avec joie la cause du monarque légitime : malgré toutes les préventions dont les ennemis des Bourbons s'efforçaient d'entourer la restauration, mon bon sens suffisait pour m'indiquer que les malheurs de la France, et l'effroyable invasion qu'elle venait de subir, étaient des conséquences naturelles et indispensables des usurpations révolutionnaires. Je jugeais, avec tous les hommes de bonne foi, que Louis XVIII était le dernier, le seul rempart qui pût garantir l'intégrité du territoire. Je courus me ranger sous le drapeau blanc, et je jurai de le défendre comme j'avais défendu celui d'Austerlitz.

Je ne fus pas employé activement pendant le cours de 1814 ; je ne m'en plaignis point : les circonstances impérieuses s'opposaient évidemment à l'entretien d'une nombreuse armée, et la France possédait plus d'officiers que de soldats.

Au commencement de 1815, plusieurs de mes camarades me proposèrent en secret de prendre un signe de ralliement. Il ne s'agissait que d'un *bouquet de violette*. Je repoussai la proposition avec horreur. Quelques-uns d'entre eux se rendirent à la force de mes raisons en faveur de la foi jurée, et se retirèrent du complot; d'autres parurent plus empressés de conquérir des grades que de conserver l'honneur militaire; ils me quittèrent pour se livrer à leurs spéculations de fortune; l'expérience m'a démontré que ceux-là avaient calculé juste; ils sont aujourd'hui revêtus de grades et d'*honneurs.*

Le 19 mars, je faisais partie des fidèles réunis autour de la famille royale : nous étions prêts à la défendre jusqu'au dernier soupir. Mais nous n'avions ni armes, ni munitions, ni chefs, ni ordres. Le gouvernement l'avait voulu ainsi.

Le roi partit...., je le suivis à Gand...., je revins avec lui dans sa capitale; j'étais fier alors de faire partie du petit nombre des Français qui avaient sacrifié, dans une circonstance aussi critique, leur état présent et leurs espérances futures pour rester fidèles à leur serment; je ne m'imaginais guères que, quelques années plus tard, je me trouverais coupable de haute trahison!

Peu après mon arrivée, je rencontrai un homme de ma connaissance qui avait accompagné la députation de la chambre des *représentans*, lorsqu'elle était allée supplier les alliés d'imposer à la France un roi, quel qu'il fût, à l'exception d'un Bourbon. Cet homme était irrité au dernier point de l'enthousiasme inouï que la capitale avait témoigné la veille. Il me reprocha de rentrer à la suite des Etrangers; je me crus insulté; la querelle s'échauffa; un duel s'ensuivit; je fus blessé très-grièvement; et la la situation de ma fortune me força de me faire transporter dans un hospice, où je passai quatorze mois jusqu'à ma guérison.

Pendant cet intervalle, je me livrai à la lecture des journaux et ouvrages périodiques. Bien que la politique fût peu attrayante pour mon esprit habitué à la simplicité et à la franchise du régime militaire, j'avoue que je ne vis pas, sans intérêt, la marche que prenait le gouvernement à cette époque. Cette chambre, que le roi lui-même avait qualifiée d'*introuvable*; cette chambre qui s'annonçait comme voulant et pouvant rétablir la religion, la morale, la justice, sur les débris ensanglantés de la patrie que le voile de la victoire avait cessé de couvrir; cette chambre, enfin, qui professait hautement les maximes de l'honneur, de la fidélité, du respect au malheur et à la vieillesse, et qui sollicitait pour une monarchie des institutions monarchiques, me paraissait destinée à guérir les plaies de la France et à lui reconquérir l'estime du monde, à défaut de la terreur des armes que nous ne pouvions plus inspirer.

A peine rétabli, je quittai l'hospice; j'étais dans un dénuement presque absolu; mais mon cœur était plein de royalisme, et je ne désirais rien que de consacrer mes services à un gouvernement qui me semblait digne d'un peuple généreux. Je me présentai.... La chambre introuvable venait d'être dissoute.

C'est à cette époque qu'il se fit un incroyable changement dans mes idées politiques. Je sollicitais de l'emploi; je fus repoussé de toutes parts. Je voulus me faire un titre du voyage de Gand ; je vis le sourire du dédain errer sur les lèvres de ceux dont je réclamais la protection ; je remarquai, à ma grande surprise, que ceux de mes anciens camarades qui avaient participé au complot du 20 mars obtenaient ce qu'ils demandaient. L'un d'eux eut pitié de mon ignorance et de ma misère : il me conseilla de nouer mes pétitions avec un petit ruban tricolore ; je suivis ce conseil et j'obtins aussitôt des audiences.

Néanmoins, tout se borna à ces faveurs stériles. Il me fut enfin démontré que le témoignage de fidélité que j'avais donné le 20 mars était un titre de réprobation auprès du gouvernement que la trahison avait dissous le 20 mars.

Mon opinion, ébranlée par la manifestation de cette étrange vérité, fut totalement renversée lorsque j'appris que je ne devais ma liberté, et peut-être ma vie, qu'à une ordonnance royale qui daignait accorder une amnistie à ceux qui avaient suivi Sa Majesté à Gand. Comme un tel acte ne s'accorde qu'à ceux qui ont encouru la vengeance des lois, je fus forcé de conclure que j'avais commis un crime en gardant ma foi pendant les cent jours ; de plus, lorsque je me fis cette question: Puisqu'on nous amnistie pour avoir suivi le roi, le roi lui-même, qui nous a emmené avec lui, est-il amnistié ? et par qui ? je m'aperçus qu'il m'était impossible, dans mon faible entendement, d'y répondre ; et j'avoue que mes idées sur la légitimité, l'honneur et le devoir, se confondirent : telle est la première origine des erreurs que je vais bientôt expier.

Au milieu des doutes qui obscurcissaient mon esprit, le sentiment de l'obéissance, naturel à un homme qui a blanchi sous la discipline militaire, l'emportait sur toute autre réflexion. Je résolus de soumettre mon jugement au joug de l'autorité, et je crus qu'il était de mon devoir de suivre aveuglément les inspirations qui m'étaient suggérées par le gouvernement lui-même. Le ministère repoussait publiquement les amis du roi ; il accueillait ses ennemis. Je vis dans cette conduite une déclaration de principes. Par pure obéissance pour le ministère, je consentis à voir les coupables dans l'armée royaliste, et les *bons Français* dans l'armée parjure. L'amnistie que j'avais obtenue avec tant de surprise m'était représentée comme une faveur : je résolus de m'en rendre digne. J'avoue qu'à cette nouvelle disposition d'esprit se joignit un peu d'aigreur ; je regrettais ce que la fidélité m'avait fait perdre, ce que le parjure m'eût fait acquérir ; je regrettais mon état, mon grade, mon avancement.

Cette nouvelle disposition d'esprit jeta en moi des semences d'opposition et de révolte ; je ne pus m'empêcher de les manifester ; mes paroles furent recueillies. Je me vis alors recherché ; et, dans le moment même où je craignais que ma franchise ne m'eût attiré l'animadversion de mes supérieurs, j'éprouvai, de leur part, un accueil plus favorable. Comment expliquer ce qui m'arriva alors ? Dévoué au roi, fidèle à mon serment, j'avais subi l'humiliation d'une amnistie. Devenu le détracteur du gouvernement royal, je reconquis mon épaulette ; et, lorsqu'on se crut bien assuré que je partageais la haine de la faction révolutionnaire pour la dynastie des Bourbons, on me donna le grade de capitaine.

Dans le même tems, des mesures de proscription, communes à l'ordre civil et à l'ordre militaire, éloignaient du service de l'Etat tous les hommes qui manifestaient leur attachement à la dynastie.

Je devais juger, par le seul fait de ma nomination, et, en outre, par des communications moins officielles, mais venues de la même source, que ce n'était point pour conserver la monarchie que j'avais été rappelé. Il m'était impossible, au milieu des exemples multipliés de la tendance anti-royaliste du ministère, de ne pas conclure qu'on défaisait la monarchie; je crus de mon devoir de militaire de me conformer à ces dispositions, et de coopérer aveuglément à ce plan. Tous les actes du gouvernement, depuis cette époque, servirent à me confirmer dans l'opinion que ce gouvernement n'avait en vue que d'anéantir en en France le parti des Bourbons, parti que le ministère lui-même injuriait publiquement en le traitant de *faction*, qu'il faisait injurier par des journalistes payés par lui, en France et à l'étranger, dans des feuilles périodiques où tout ami fidèle de la fa-

mille régnante était traité *d'ennemi natio-*
nal, et où l'héritier présomptif du trône
était lui-même grossièrement insulté.

Il serait trop long de rapporter ici toutes
les circonstances et tous les actes officiels
qui déterminèrent ma conviction au sujet
de la conspiration ourdie contre le gouvernement par les premiers fonctionnaires de
ce gouvernement. Je me bornerai à rappe-
ler ici quelques-uns des événemens qui exer-
cèrent sur mon esprit le plus d'influence.

Deux généraux avaient terrassé à Greno-
ble et à Lyon le parti de Bonaparte, allié à
celui des successeurs de Roberspierre. Je vis
abreuver d'amertume ces deux généraux ;
je les vis accabler de persécutions , tandis
que les fauteurs de la conjuration échouée
étaient placés au rang des héros et des mar-
tyrs. Je jugeai donc que cette prétendue conjuration entrait dans les plans de l'autorité
directrice, qui poussait la France vers une
nouvelle révolution. Je jugeai que Didier n'a-
vait été *sacrifié* que parce qu'il n'avait pas
été assez adroit pour réussir.

Une loi d'élections , vivement repoussée
par les royalistes, et passée à la majorité de

cinq voix, avait pour résultat d'amener dans la chambre législative les ennemis les plus prononcés de la dynastie. Le parti de la révolution exploitait à son profit cette loi, avec l'assistance, publiquement avouée, du ministère. Un moment vint où la chambre des pairs, effrayée de la prochaine apparition des régicides, proposa de changer cette loi. Aussitôt le premier ministre brisa, par un coup d'état, la majorité de la chambre, et il profita de l'occasion pour introduire dans son sein quelques hommes dont les titres à la pairie française se réduisaient à avoir desservi la royauté.

Cependant, la *faction* (comme le ministère l'appelait) des amis des Bourbons reprenait chaque jour plus de force et d'énergie. J'étais étonné moi-même de ses progrès ; et, si cette *faction* n'avait pas eu le gouvernement royal à combattre, je crois qu'elle eût bientôt envahi le gouvernement et toute la France. Mais mes craintes à ce sujet furent bien diminuées lorsque je vis le ministère nous amener un renfort. Ce renfort se composait de cinquante-trois régicides.

Quand Louvel eut frappé la tige royale

d'un coup mortel, je jugeai que ce misérable fanatique avait précipité l'exécution avant le moment convenu. Je ne fus donc pas surpris du changement qui se fit alors dans la marche des choses.; mais je fus bientôt rassuré quand je vis que notre parti faisait bonne contenance, redoublait d'énergie et se glorifiait de l'impunité. Un changement de ministre arrêta, il est vrai, le développement de la conjuration militaire ; mais la conspiration civile ne me parut nullement dérangée.

En un mot, j'ai toujours pensé que le but de ceux qui naguères disposaient des trésors, des faveurs et des emplois du royaume, était de renverser l'ordre actuel : cette pensée a été fortifiée par les preuves les plus fortes que l'entendement humain puisse concevoir.

J'ai vu la France ivre d'enthousiasme et d'amour pour la dynastie royale, à l'époque de la restauration : j'ai vu le gouvernement employer tous les moyens qui étaient en son pouvoir pour réprimer ces sentimens, pour isoler la famille royale de son chef et de la France, pour réveiller, stimuler, fortifier, les anciens fermens révolutionnaires qui avaient causé le régicide, et que Napoléon avait comprimés.

J'ai vu choisir de préférence, pour administrer les départemens les plus monarchiques, des fonctionnaires républicains, des bonapartistes, ou des parasites politiques, des lâches sans opinion.

J'ai vu le ministère persécuter publiquement les fonctionnaires royalistes qu'il s'était cru obligé d'employer en 1815. J'ai vu des ministres les accuser hautement d'avoir exercé des rigueurs déplacées, des actes arbitraires, des violations de droits individuels; et j'ai vu, dans les mains de ces infortunées victimes du plus affreux machiavélisme, les ordres originaux de ces mêmes ministres, qui leur avaient prescrit, à cette époque, ces mêmes mesures de rigueur, et d'autres plus sévères encore qu'ils n'avaient point exécutées.

J'ai vu languir, dans la misère et dans l'oubli, les anciens compagnons de l'exil royal; j'ai vu insulter, sous l'approbation du ministère, les vétérans de la Vendée, ces adversaires invaincus de la révolution : j'ai vu des vieillards , cachant sous des lambeaux les cicatrices de leur fidélité , couverts de boue par les brillans équipages des parvenus révolutionnaires , appelés *libéraux* , auxquels le gouvernement conférait le privilége de puiser seuls , et à pleines mains , dans les coffres de l'Etat.

J'ai vu les artisans de nos anciennes discordes, réduits à un petit nombre , sortir de l'obscurité et du silence où ils étaient restés pendant dix ans , et se proclamer les régulateurs légitimes de la conduite des princes proscrits par eux et revenus malgré eux. J'ai vu le ministère accueillir ces hommes , et se diriger par leurs conseils ; j'ai vu leur faction s'accroître et se fortifier peu à peu à l'ombre d'une si haute protection ; j'ai vu se réunir à eux une tourbe de ces égoïstes qui s'appellent modérés , et qu'un instinct véritablement animal porte toujours à suivre le parti auquel la victoire paraît assurée.

J'ai vu la France sous les lois d'un prince qui n'ambitionne d'autre gloire que celle de gouverner paternellement , auquel il est impossible de reprocher aucun acte de tyrannie, aucune pensée ruineuse pour l'Etat,

chef d'une famille française et naturalisée
sur le trône depuis huit cents ans; allié de
tous les souverains de l'Europe, et, comme
tel, garant de la conservation des conquêtes
de Louis XIV, et de la paix extérieure; j'ai
vu, dis-je, la France au sein de sa tranquil-
lité, s'émouvoir peu à peu. J'ai vu cette
inquiétude vague, mais réelle, qui a agité
tout-à-coup les esprits; et je n'ai pu expliquer ce phénomène qu'en attribuant à la
nation de justes craintes pour son avenir.
Or, qui avait pu inspirer de pareilles craintes à une nation entière ? C'est qu'elle avait
découvert que le gouvernement conspirait
contre lui-même.

Persuadé par la liaison des événemens,
par les témoignages de la logique, et sur-
tout par l'évidence des faits, de l'existence
de cette conspiration ourdie et poursuivie
avec constance par le gouvernement lui-
même, je me suis considéré, moi, employé
par ce gouvernement, comme un instru-
ment destiné à contribuer tôt ou tard au
succès de ce complot. Ce n'est pas que des
doutes ne vinssent en foule assiéger mon esprit et mon cœur; mais, embarrassé entre

mes sentimens et mes observations, entre mes propres idées sur l'honneur et les suggestions qui descendaient de si haut, je cessai enfin de chercher dans ma conscience le moteur de ma conduite. Je me résignai à tout entreprendre au besoin contre le gouvernement des Bourbons, par sentiment de déférence pour leur ministère : je devins ce que ce ministère semblait exiger que je devinsse, l'ennemi des choses établies, parce que tout me portait à croire qu'on ne voulait de ces choses que jusqu'à nouvel ordre.

La révolution d'Espagne vint me confirmer pleinement dans cette conviction acquise : j'appris alors, par l'organe même des rois, que la révolte militaire était l'expression de leur secrète volonté, et que s'ils avaient régné jusqu'alors sans se placer sous la tutelle du sabre et sous l'empire des doctrines révolutionnaires, c'est qu'ils n'avaient pu s'affranchir par eux-mêmes du joug de leurs antiques et fidèles conseillers.

Je me trouvai donc naturellement disposé, non pas à faire un complot (il serait ridicule de croire que des officiers subalternes eussent formé une telle entreprise), mais à prêter mon appui à la conjuration. Et si, en m'engageant secrètement à y coopérer, j'oubliai que des sermens prêtés publiquement me liaient à la subordination militaire visible et extérieurement avouée, je prie les ames honnêtes et les cœurs droits de réfléchir sur les antécédens que je viens d'exposer. Je les prie de considérer que la conjuration était à peu près publique, et que son pacte et ses statuts étaient proclamés en quelque sorte jusqu'à la tribune des chambres législatives. Qu'on se rappelle l'attitude du gouvernement, rompant pour ainsi dire pas à pas devant ses ennemis, concédant les principaux points de la doctrine révolutionnaire, évitant avec soin de manifester la moindre intention de se défendre, se gardant bien sur-tout d'appeler à son secours la fidélité, l'honneur et les sentimens généreux; et l'on comprendra, j'espère, comment un concours aussi inouï de circonstances a pu dominer mes sentimens intérieurs, et me persuader que le gouvernement désirait, pour le bien de la patrie, qu'on l'attaquât de vive force.

Que de combinaisons diverses se sont réu-

nie_s pour me persuader que violer mon serment militaire était un acte d'héroïsme !
Des journaux, qui avaient toujours obtenu
du dernier ministère une préférence signa-
lée, invitaient hautement l'armée à suivre
l'exemple de Quiroga. Les portraits de ce
célèbre parjure et de ses coopérateurs
étaient publiquement exposés, et vendus
sous les yeux de la police, avec le brevet
d'*immortels*. Connaît-on quelque titre plus
séduisant, pour un militaire français, que
le titre d'*immortel?*

Une première déclaration de l'empereur
de Russie semblait réprouver les révolutions
militaires. Notre gouvernement a attendu ,
pour en permettre la publication , que cette
déclaration eût pénétré en France avec tous
les journaux de l'Europe : une seconde note
d'Alexandre , plus détaillée que la première,
a paru depuis dans les feuilles officielles de
Londres ; notre police n'en a pas moins défendu, jusqu'ici, l'insertion dans les journaux. N'est-ce pas là désapprouver tacite-
ment les principes contenus dans ces dé-
clarations, ou, ce qui est la même chose,

n'est-ce pas approuver ceux qui ont dirigé les soldats d'Andalousie ?

Un dernier événement est venu exercer sur mes résolutions la dernière, la plus grande influence ; cet événement pouvait déterminer le patriotisme, même le mieux entendu, à s'emparer d'une révolution inévitable, pour soustraire la France à la honte d'un coup d'Etat exécuté par des misérables. Une poignée de bandits organisés en société secrète venait de donner ses lois et ses couleurs au royaume de Naples, et la famille régnante avait souscrit avec une sorte d'enthousiasme à cette innovation unique dans l'histoire du monde. Il ne manquait pas en France de *carbonari* pour détrôner incessamment la famille des Bourbons, si une force plus généreuse, plus franche, plus essentiellement tutélaire, ne prenait pas l'initiative de ce mouvement. Depuis cette dernière époque, je crus comprendre la nécessité du coup de main purement militaire, et je ne fus pas surpris d'en voir hâter les préparatifs.

Ce coup a échoué... La célérité avec la-

quelle on poursuit les procédures me fait
juger que le ministère actuel est sincèrement
décidé à défendre la monarchie. Sa déter-
mination vient trop tard, pour moi du
moins, qui n'ai pu deviner sa pensée à tra-
vers les réticences et les ambiguités de sa
direction extérieure. Maintenant qu'il s'est
expliqué, j'aperçois la profondeur du pré-
cipice où je suis tombé. Tous mes raisonnemens sont dissipés, ma conscience seule
me reste; et, je le répète, ma conscience
ne m'avait jamais trompé. Sa voix fut étouf-
fée sous le poids des actes visiblement des-
tructeurs de la monarchie, actes exercés
par le gouvernement lui-même pendant
quatre années consécutives. Dans la tendance naturelle des choses, j'ai été néces-
sairement aveuglé par des préventions fon-
dées, par des probabilités sans nombre. Je
ne suis donc coupable que d'une erreur dans
laquelle le ministère et le gouvernement ont
pris plaisir à me faire tomber. J'ai cru fer-
mement que la monarchie n'avait pas la volonté de sa conservation, que la dynastie
renonçait, par spéculation ou par goût,
à sa légitimité, et que c'était dans la seule

intention de rendre un troisième hommage à la souveraineté de l'épée , que l'on avait attendu jusqu'ici en France une provocation armée pour abandonner définitivement un simulacre de pouvoir.

J'ai été plus loin dans mes conjectures. Persuadé, par l'évidence des faits, que la France était le point central d'où s'étendaient aux peuples voisins , par une foule d'irradiations visibles , toutes les doctrines et toutes les impulsions qui agitent l'Europe depuis 1814 ; également certain que ce phénomène politique ne pouvait s'être dérobé aux yeux les plus intéressés à l'observer , et qu'il était par conséquent le résultat d'un vaste système qu'on poussait de jour en jour vers son terme. et son accomplissement, je me suis regardé ingénument comme un des innombrables agens d'une grande conception européenne que les dépositaires actuels de l'autorité n'ont jamais cessé de favoriser. Il m'était impossible de me refuser à une révélation aussi patente; rien n'y manquait. Les journaux *libéraux* , les orateurs *libéraux* , les ministres *libéraux* , en étaient les perpétuels organes. Je me suis donc imaginé que, rebelle en apparence, je ne faisais qu'obéir, et j'ai attaqué la monarchie, parce que, rentré dans l'armée par la force de l'opposition, j'ai cru qu'il était de mon devoir de marcher dans la voie de l'opposition. Si je suis coupable, c'est d'avoir voulu contribuer à réaliser en pratique ce qui était depuis quatre ans autorisé, encouragé, récompensé en théorie. En un mot, je n'ai été, selon ma manière de voir, que la *pensée agissante* du précédent ministère qui avait paru redoubler de bienveillance envers moi à proportion de l'éloignement que je témoignais pour les doctrines monarchiques. Je puis avoir été abusé par un faux raisonnement ; les bons esprits en jugeront. Mais, quoi qu'il en soit, le ministère dont je parle n'ayant rien fait pour me détromper, est coupable d'avoir captieusement engagé l'innocence et l'irréflexion dans un complot qui nous mène à la mort ; et il me semble qu'il devrait être mis en cause avec nous.

Maintenant j'ai exposé tous mes moyens justificatifs ; j'ai raconté les illusions qui ont séduit mon entendement, les raisonnemens qui m'ont dérobé ma conscience, l'enchaînement de ma conduite et les motifs de mon crime. En commençant cet écrit, j'ai dit que mon intention n'était pas d'atténuer l'énormité de ce crime. Tout ce que je désire, c'est d'être plaint par les ames compatissantes qui apprécieront la force des circonstances qui m'ont entraîné. Mon cœur a toujours palpité au nom chéri de patrie, et je vais périr après l'avoir trahie ! O déplorable fruit d'un système employé pour pervertir l'opinion publique ! Puisse mon exemple du moins convaincre les militaires qu'ils ne doivent jamais s'occuper de combinaisons politiques, ni se permettre de juger les intentions des hommes d'état !

Qu'ils se gardent sur-tout de prêter l'oreille aux suggestions perfides de certains hommes, appelés *libéraux*, qui viennent, sous les dehors d'une fausse compassion, verser des larmes sur nos victoires passées et du poison dans le cœur des braves. Etrangers à toutes nos gloires, ces officieux détracteurs d'un état de choses que leurs propres combinaisons ont produit ont déjà sacrifié deux fois l'armée et la France à leurs passions haineuses et aux folles terreurs de leur cupidité. Eux seuls ont causé la dernière invasion ; c'est pour eux seuls que cent mille guerriers ont péri et que la France a été forcée de racheter , au prix de deux milliards , son indépendance. O mes frères d'armes ! ne vous laissez pas surprendre aux mielleuses sollicitations de ces recruteurs de parjures ! Ceux-là , sur-tout , m'ont entraîné dans l'abîme où je suis !

Considérez que notre belle patrie fut renommée de tout tems pour la noblesse des sentimens, la franchise des mœurs, l'éclat de l'honneur et la discipline militaire , seul gage assuré de la gloire des armes. Songez que vous êtes les gardiens nés du dépôt de ces sentimens généreux ; que du moment où ce dépôt eut été violé , nos victoires furent éphémères et nos défaites terribles. Songez qu'il n'a peut-être manqué à la France , pour conserver ses dernières conquêtes , que de les avoir faites sous le drapeau de la légitimité. Cette légitimité qui nous donne un tel poids dans la balance de l'Europe , c'est à vous que la patrie l'a confiée , depuis que la providence nous l'a rendue ; et quand des *libéraux*, flattant bassement votre ardeur belliqueuse, vous diront que l'armée française

pourrait se passer de la légitimité , détour-
nez-vous de ces traîtres , et repoussez leur
alliance ; il n'en résulterait rien que de
nouvelles invasions ; les alliés naturels , les
co-intéressés de ces *libéraux*, ce sont les
cosaques de la Tartarie.

Sur le point d'expier , par une mort juste ,
l'erreur qui m'a conduit à violer les principes que je viens d'exposer, s'il m'était
permis, dans ce dernier écrit, tracé sans es-
poir comme sans crainte, de m'adresser aux
hommes qui sont chargés de la direction de
l'Etat , je leur dirais :

« Quittez une fois pour toutes cette route
incertaine et tortueuse, où vous marchez
dans les ténèbres , au milieu du bourbier
révolutionnaire qui vous entoure. Quittez
la basse région des intérêts , élevez-vous
jusqu'à celle des sentimens et des devoirs.
Comblez enfin cet abîme infect, au lieu
d'en détourner la tête. Croyez-vous asseoir
la monarchie sur cette fange? la monarchie
ne peut être fondée que sur la pierre du
salut. Vos intentions sont pures , vos vues
généreuses , je le crois : mais pourquoi votre
bouche est - elle muette ? que n'annoncez-

vous au monde inquiet vos plans de régé-
nération ? Le tems s'écoule, les esprits flot-
tant dans le doute perdent leur énergie ; le
génie du mal profite seul de ces délais.

» La France est encore monarchique ;
c'est-à-dire que la France existe encore malgré les efforts incroyables que vos prédéces-
seurs ont faits pour la dissoudre. Le grand
principe, le principe unique, ne périt point.
Un gouvernement peut le méconnaître,
mais la société s'y rallie tôt ou tard ; pourquoi laisser à vos successeurs la gloire de le
réintroniser ! Proclamez *l'ordre* avec toutes
ses conséquences. Annoncez une volonté
ferme de le rétablir. L'hésitation, la fai-
blesse amènent l'anarchie, et l'anarchie est
à deux pas de vous. Si le courage vous
manque, cédez à d'autres une tâche au-des-
sus de vos forces. Il sera plus glorieux pour
vous de rentrer volontairement dans l'obscurité, que de conduire tristement le deuil
de la monarchie.

» Les ennemis les plus dangereux de la
monarchie, ce ne sont pas ceux qui l'atta-
quent ouvertement ; ce sont les hommes

sans vices et sans vertus qui se disent irré-
prochables parce qu'ils sont sans énergie, qui
vous conseillent de temporiser et vous dé-
fendent de prendre un parti. Ce qu'ils appellent le chemin du milieu, c'est le chemin
qui nous conduit à l'abîme; ce prétendu
système de bascule qu'ils ont inventé, voilà
le piége infernal où j'ai été surpris, où je
laisse ma vie, où mille autres périraient
après moi, si ce système abominable pouvait encore survivre aux désastres qu'il a
causés.

» Ce n'est point aux esprits glacés, aux
raisonneurs subtils, aux cœurs faux et pu-
sillanimes, que la providence confie les des-
tinées du monde. Il n'appartient qu'aux
ames fortes d'entraîner à leur suite la foule
des humains, d'imprimer une direction
utile aux opinions vulgaires. Sous des mains
actives et généreuses, les nations se trans-
forment comme l'argile; abandonnées au
vague de leurs craintes et de leurs désirs,
elles fermentent comme les volcans.

» Tout gouvernement que la crainte porte
à repousser ses amis pour se livrer à ses

ennemis , ne peut subsister long-tems ; au premier péril il se trouvera abandonné des uns et accablé par les autres.

» Tout gouvernement qui ne fait pas de la fidélité exaltée un titre de préférence, de l'indifférence un titre de défaveur, et de l'égoïsme un titre d'exclusion, est frappé de mort.

» Lorsqu'une nation attaquée par l'enseignement libéral est divisée en plusieurs partis., que chacun de ces partis dispose tour-à-tour des emplois et de l'avancement, et que l'armée recrute dans tous les rangs de la société , aucun lien moral ne peut subsister dans cette armée. Qu'y a-t-il de commun entre les élus de la monarchie et ceux de l'opposition? Une tendance à la guerre civile.

» Quand la majorité d'une nation a l'opinion que son gouvernement peut périr , le découragemeut naît de toutes parts. Si ce gouvernement ne se hâte pas alors de prouver par des actes qu'il a lui-même la conscience de sa durée, l'esprit public est anéanti. Les hommes de proie, dits *libé-*

raux, aiguisent leurs serres ; les honnêtes gens effrayés font leur testament ; et le gouvernement, déconsidéré, peut faire ses malles.

» Voilà des vérités que le malheur m'a enseignées. Désabusé sur la valeur de ces combinaisons tortueuses dont un gouvernement sans ame s'est servi depuis si long-tems pour régner par l'indifférence des ames et la désunion des esprits ; placé sur la limite qui sépare la vie de la mort, je vous adresse ces vérités comme mes derniers adieux. Si elles pouvaient enfin être comprises ; si ma patrie, qui n'attend, pour se réunir avec enthousiasme sous les drapeaux de la légitimité, que voir proclamer une ou deux idées généreuses, pouvait encore échapper à la ruine que lui préparent les sophismes des doctrinaires, et la cupidité des *libéraux*, je mourrais avec joie : heureux si le dernier sang versé en expiation de la révolte devenait pour la France un gage de rédemption ! »

Et si mes vœux étaient trompés ; si l'arrêt fatal de la monarchie était déjà inscrit dans le livre éternel où s'enregistrent les fautes des gouvernemens et l'agonie des royaumes, je mourrais encore avec joie, en me félicitant de précéder ma patrie dans la tombe et de ne pas être le témoin de la dissolution morale des sociétés de l'Europe.

M. R. P****.

Paris, ce 29 août 1820.

DE L'IMPRIMERIE DE PILLET AÎNÉ, RUE CHRISTINE.